AF209014

Armin Dietersberger

Sonnenstrom
um Mitternacht

Lyrische Gedanken über Leben und Tod,

die Gesellschaft und das Ich

in zwölf Zeilen

Herstellung und Verlag:
Books on Demand GmbH, Norderstedt
ISBN 978-3-8423-3882-1

I.) ...Leben und Tod

Rangierbahnhof

Sie kommen

so oft sie gehen

werden auseinander gerissen

durchgemischt

neu zusammengestellt

entladen

wiederbefüllt

andere Güter auf der Reise

hoffentlich können sie `s tragen

ist die Last den Achsen nicht zu schwer

Waggon wie Mensch

im Rangierbahnhof des Lebens

Späte Erkenntnis

Kann sein

dass alles vorbei war

bevor es begann

wir fingen an zu hoffen

als unsere Hoffnung

schon längst zerrann

Es wird

nie wieder so sein

wie es niemals war

und wir werden erst begreifen

ist nichts mehr

zum Begreifen da

Der flüchtige Moment

Nackad durch den Regen laffa

und schrein

„es ist vollbracht!"

i ko ma davo nix kaffa

hob aba

an Anfang gmacht

mich geliebt

zumindest für

einen flüchtigen Moment

mich verliebt

in ein Leben

das fast keiner mehr kennt

Zwei Wale

Zwei gestrandete Wale
schön drapiert auf grauen Laken
in einem viel zu engen Becken

Tierschützer mit sozialem Auftrag
umsorgen sie so gut es eben geht
beträufeln sie mit Wasser und mit Salbe

Ihr schließliches Schicksal findet nicht
statt in den Händen der Götter in weiß
sondern vielmehr weiter oben

Nach quälendem Warten auf Erlösung
bedeckt den einen wieder die hohe See
den anderen die endgültige Weite der Ewigkeit

Tag in Dunst

Wenn du traurige Augen hast

genieße es

träume dir den Tag in Dunst

lass dich fallen

in die Melancholie

die du brauchst

um zu überstehen

Kannst du dir Schöneres vorstellen

als aufzuwachen danach

und zu bemerken

ich hab `s bewusst getan

war fähig dazu und habe überlebt

Morde

Sind Morde Sinn

kann man sich vorstellen zu morden

oder ermordet zu werden

wird nicht auch zum Mörder

wer die Todesstrafe vollstreckt

wie würden sie sich verhalten

wenn sie einem Mörder gegenüberstehen

glauben sie überhaupt, Mörder sind Menschen

sind Mörder krank; sind sie - meine Erkenntnis

vielleicht ist es ja so

weil ich mich selber gerne morde

jeden Tag

Neuland

Klar ist der Weg nun
nur noch nicht benutzt
von dir

Vorbei ist die Ungewissheit
nur noch nicht verarbeitet
so weit

Gegeben ist das Los
nur noch nicht bekannt
bis jetzt

Du wirst vorwärts ziehen
dein Feld ist bestellt
geh leicht

Spiegel

Es sieht mich an

mit seinen rehbraunen

versonnenen Augen

jenes Gesicht

mir so vertraut

vor dem mir graut

weil es Ungemach verheißt

und Geschichten erzählt

von Verzweiflung und Trauer

Weshalb Spiegel, Spiegel

lügst du nicht

...wenigstens ein einziges Mal

Anwandlung

Manchmal ist da eine Anwandlung
und man nimmt sich Surreales vor

„Gib mir noch eine Minute Frist
bevor ich zu handeln beginn!"

Einem Blick auf `s Zifferblatt folgt
das Warten bis der Zeiger weiter rückt

Wieder ein Moment vertrödelt
kostbar wie das Leben
kehrt nie mehr zurück

Oder war es letztlich bloß
ein Innehalten, der Wunsch
Zeit bleib doch endlich stehen

Zwillinge

Keine Deutung möglich
zumindest zu dieser Zeit
jeder Versuch, er scheitert kläglich
die Zeit ist noch nicht so weit

Kannst nicht auf Mitleid hoffen
so lange du fähig bist zu sehen
das Scheunentor steht offen
brauchst schnurstracks nur hineinzugehen

Letztlich ist es einerlei
ein Quadrat wird niemals rund
nimm doch ganz einfach zwei
und deine Liebe wird gesund

Perlen im Glas

Gib mir drei Würfel
und wir orakeln uns
was wir glauben

Bei Glücksspiel hilft nur beten
noch prickeln Perlen im Glas
Wasser ist Leben
wie weiland Wein
Grundlage war
für das letzte Abendmahl

Gib mir drei Würfel
und ich knoble dir
ob es für uns noch reicht

Bergan

Eine noch nie da gewesene Kälte
umgab ihn in luftiger Höhe
lebendig begraben am Seil
er entfachte ein Feuer in seiner Not
wohl wissend um die Knappheit der Mittel

Es geschah

Die zufällig zustande gekommene
pfeilförmige Anordnung
der abgebrannten Streichhölzer
auf dem Boden unter ihm
wies den Weg des nächsten Abschnitts

Der Karabiner hielt

Geschenkte Zeit

Züge, die nicht kommen wollen
technische Gründe werden durchgesagt
Zeit, die auf einem Bahnsteig verrinnt
unwiederbringlich in dessen Luft verpufft

Steigender Ärger, der dich heimsucht
dich innerlich zum Platzen bringt
sich kribbelnd ausdehnt vom Magen her

Du hast den falschen Ansatz
jeder Augenblick der Verspätung ist ein Geschenk
so bist du wenigstens in Sicherheit
werde dir bewusst, du weißt nicht
was dich sonst erwartet hätte

Du perdu

Als wir noch Vertraute waren
kamen Sie jederzeit zu mir
um aktuell über die Schieflage
der schnöden Welt zu plaudern

Sie haben es missbraucht
getrieben von den Machenschaften
zogen schmarotzerisch den Vorteil
Freundschaft und Vertrauen vor

Ich wollte
ich könnte wieder Du sagen
über meinen Schatten springen
entschuldigen müssen sie sich selbst

Horizont

Von einer hohen Warte

blickt er in die Weite

wo sich die Erde

mit der Luft vermengt

Dorthin zieh`n

um es zu erweitern

könnte sein

des Menschen Lebens Ziel

Angekommen am fixierten Punkt

ist er entrückt wie immer

nur die Sehnsucht bleibt

bestehen am fernen Horizont

Atome der Gefühle

Atome der Gefühle

strahlend schön

und stets gefährlich

auch wenn sie

in Castorbehältern transportiert

sorgsam verschlossen zu dir gelangen

Als Aktivist willst du sie stoppen

doch jedes mal geschieht verlässlich

dein sensibler Supergau

ihre Laufzeit

scheint grenzenlos verlängert

ein Endlager auf ewig ungewiss

Spätherbst im Sommer

Trauernd hängt das Laub
an ausgemergelten Büschen
umrankt von Nebelschwaden
die das Herz verschnüren

Scheinbar ist der Sonnenschein
für dieses Jahr verwirkt
hat sich ergeben grau zu grau
der perlen feuchten Luft des Leids

Wie soll man da atmen
wenn selbst die Zugvögel
im Sommer schon
den Drang verspür`n zu flieh`n

Planspiele

Auf der grünen Wiese entwerfe ich mit dir uns
die vollkommene Harmonie der Körper, des Geists
ein Planspiel von höchster Vollendung
mündend in die Inkarnation
des einzig möglichen menschlichen Zusammenlebens der
Zukunft

Wir zwei - Hoffnung und Perspektive
Wegbereiter der perfekten Gesellschaft

Nur eines hindert mich im Vorfeld noch
ach ja
die Alpträume
in einer grauen Welt verkopft durch Beton

II.) ...die Gesellschaft

Gen Süden

Kaminroter Klinker
zusammen zementiert
für die Ewigkeit
überdauert Glas

Die Augen blind
ratlos preisgegeben
den rastlosen Ranken
wild wuchernden Weins

Nun ist Heidelberg erreicht
von Romantik keine Spur

Fernab der Altstadt zieht der Zug seine Bahn
fahrplanmäßig dem Süden zu

Schafspelz

Geprelltes Land
wie Wirtschaftswunder Würmer schafft
beizeiten höhere Beträge
auf dunklen Wegen auf die Seite gerafft
angelegt in Optionen
die sich für Spekulanten lohnen

Blutig warm angelockt
kaltblütig abgezockt

Pinguine tragen Fräcke
sie gab die Natur mit ihren Händen
Broker sind adrett in Anzüge gehüllt
einzig um zu blenden

Achtung Web-Wissen

Browser gestützte Anwendungen

verdichten bitreich

virtuellen Informationsfluss vollendet

Unterstützen elektronisch sowohl

geistreiche Wortgebilde als auch

Kommunikationsschrott aller Unarten und Weisen

Täglich Brot

Jeder jämmerliche User

kann über das weltweite Netz

ungestraft behaupten:

„Ich bin ein Wissensangebot!"

Wer weise ist, will das nicht wissen...

Fenster

Regeln einhalten
obwohl man Regeln hasst

Paragrafen ausführen
obwohl man Paragrafen hasst

Tabellen erstellen
obwohl man Tabellen hasst

Ablaufdiagramme erfüllen
obwohl man Diagramme hasst

Von Powerpoint zu Powerpoint
wir machen uns was vor

Bill Gates weiß nicht
warum ich meine Unschuld verlor

Landstrich

Majestätische Zwiebeltürme
wie mit der Staffelei gemalt
vom Bus aus gesehen
beim Durchfahren
des Voralpenlandes

Hochbarocke Kultur der Volksfrömmigkeit
der Kern des ländlichen Seins
der Sinn
trotz der Kürze der Zeit
wertvoll wahrgenommen
verstanden und verdaut

Das kann nur Bayern

Fit for Job

Gestählt sein heißt landläufig
die Gesundheit zu trainieren
also läufst du
wie ehedem konditioniert
den Blickwinkel starr
auf deine Gegner
- im Zweifel ist es jeder
schluckst als tägliche Medizin
Tabletten aus purem Vitamin

Warum quälst du dich so
doch nicht für dich
nur damit du fit bist für `s Büro

Abgeschnitten

Manager in Not

sein Blackberry ist tot

keine aktuellen SMS

feuchte Hände vor lauter Stress

zur Außenwelt keine Verbindung mehr

vermutlich ist der Akku leer

oder aber das Netz ist weg

er ist berry und black

Was ist im persönlichen Kosmos jetzt los

wie verkraftet er das Fehlen seiner Infos bloß

wie soll er nur den Verlust der Daten kurieren

ohne dabei das Gesicht zu verlieren

Blühende Landschaften

Riesenhafte Industrieanlagen
schreien nach Sozialprodukt
doch da ist niemand mehr

Landstriche darben in Nostalgie
wie bestellt ist auch noch Regen
gibt der Trostlosigkeit ein Gesicht

Unkraut überwuchert schon längst
Programme verpassten Aufbaus
das Einzige, was bleibt

Der Aufbruch geschah
in des hehren Wortes
ungemeintem Sinn

Abseits des Wegs

Der Lech bei Landsberg
von Kränen gekrönt
Brückenbau modern
das Panorama
empfindlich eingeschränkt

Die Kirchentürme der Stadt
durch Gerüste verhüllt
wartend auf Wiedergeburt
ihre Silhouette
im Vorbeigehen entstellt

Krisen, die am Markt entstehen
sehen in Wahrheit anders aus

Am Bach lang

Flanier mit mir

den Bach lang

wo die Der-tut-ja-nichtse geh`n

du wirst selber seh`n

am Bach lang

ist `s eigentlich wunderschön

Spazier mit mir

den Bach lang

sacht und mit achtsamem Tritt

denn bei jedem Schritt

am Bach lang

läuft die Furcht vor Hundescheiße mit

Schmetterlinge

Die Anbindung von Satellitensystemen

an ein zukunftsträchtiges Zentralgestirn

erfolgt anhand von Integrationskomponenten

über eine zentrale Schnittstelle

wobei die Umstrukturierung

aufgrund der Neuarchitektierung

Punkt zu Punkt zu erfolgen hat

nur so kann künftig

ein positiver Kapitalwert innerhalb

der Wirtschaftlichkeitsbetrachtung erzielt werden

Die Entwicklung liebevoller Gefühle füreinander

ist nicht mehr von der Hand zu weisen

Unausgiebig

Pünktlich zum Wochenende
wich der trübe Hochnebel
einem Bedecktsein

Die Köpfe standen leer
keine Gedanken fanden Platz
gingen ohne sich festzusetzen
der weiteren Erinnerung kaum wert

Nasskalt
sagt man dazu landläufig
zur Reinigung war es nicht genug

Es regnete nicht lange
der Boden knapp benetzt

Integrationsmangel

Fügt sich im Tierreich ein Wesen
nicht in die Gemeinschaft ein
sinkt in erwiesenem Maß seine Fruchtbarkeit

Warum also gibt es in diesem Lande
ein migrationsbedingtes Eingliederungsproblem
zumal wenn man in Einkaufszentren
nationalitätenbezogen die Anzahl
der kinderwagenschiebenden Eltern vergleicht

Was wirklich Sorgen machen sollte
ist die Integration der Deutschen
denn die
erzeugen fast keinen Nachwuchs mehr

Frischer Wind

Zuerst
glaubte ich
ich ginge auf Luft

Zwischendrin
verspürte ich
einen erlesenen Duft

Mittlerweile
vermute ich
es war nur ein Hauch

Jetzt
weiß ich
ist alles nur Schall und Rauch

Erfolgsgeschichten

Sie thront in ihrem Lichte
erhellt im Abweg und blendet mich
wie mich alle blenden wollen
mit glühenden Gesten und Worten
immerzu in Gemeinplätze verstrickt

Wer ist schon geil
auf eine persönliche Erfolgsgeschichte
wenn das große Ganze krankt

Viel zu viele
wenn `s nur die eigene ist
das ist Teil der Seuche
die das Heute verhängnisvoll umrahmt

Heiler

Investiert an der Notwendigkeit vorbei
in ein Konstrukt des Scheiterns
nur weil `s die Wirtschaft vehement gefordert hat
jene Meduse janusköpfig
der globale Heiler

So ist das
wenn eine Hand die andere wäscht
das verdreckte Wasser wird verdeckt
und antiseptisch sauber nun
entsorgt in die Arme der Armen

Was interessiert der Mensch
in homöopathischen Dosen höchstens

Dicke Kinder

Schulwege werden im Bus zurückgelegt
Pommes zur Pause
Sport geschwänzt und sich gebrüstet
Papier ist geduldig
Entschuldigungen sind ein loses Blatt

Vor der Glotze kriegt man keine Muskeln
am PC höchstens Mausarm
hoffentlich halten sie still und lernen schnell

Der Kollaps der Sozialsysteme
wird unter diesen Gegebenheiten
noch viel dramatischer sein
als man heute zu ahnen vermag

Ideal und Wirklichkeit

Es sollte davon handeln
dass es dir gut ergeht
dich nichts umwerfen kann

Mut machen in trister Stund
romantisch sein, doch nicht zu arg
ernst, zum Schmunzeln, blitzgescheit

Klare Botschaft, tiefer Sinn
zu jedem Anlass gern gelesen
von Frau und auch von Mann

Und vor allem nicht in Form erstarrt
sondern offen, weltweit aufgeschlossen
- vorbei gereimt am Puls der Zeit

III.) ...das Ich

Nach dem Ausschleichen

Wenn ich heimkomme, nach dem Ausschleichen
werde ich mein Zuhause noch erkennen
wird sein Geruch noch der sein, der er war
wird mich mein Heim noch schützen

Wenn ich nach Hause komme, nach dem Ausschleichen
wird mich meine Frau noch lieben
werden die Kinder noch zu mir stehen
wird mich der Hund noch freudig begrüßen

Wenn ich die Tür aufsperre, nach dem Ausschleichen
wird jemand da sein für ein Wort
werde ich ankommen daheim
oder ausgeschlichen sein für immer

Ruhender Pol

Still, abwartend
zögernd fast, zaghaft
verhält er sich ruhig
wie ein leiser Patron

Dabei hätte er
so vieles anzusprechen
allen Grund zu tosen
orkanhaft aufzubrausen

Doch bei alledem
fehlt es ihm an Nutz
er ist nämlich gerade dabei
wieder ganz der Alte zu werden

Phantom

Ich bin da
doch du siehst mich nicht
immer wenn du glaubst
du hast mich
bin ich verschwunden

Da und zugleich weg
merkst nicht
du bist längst schon überwunden

Spiel mein Spiel mit dir
du kannst mich nicht greifen
will nur, dass du endlich lernst
gern auf mich zu pfeifen

Daheim

Jetzt bin ich also wieder da
mit knapper Not geschafft
sitze im Freien und beobachte erfreut
zwei Falter bei ihrem Liebesflug

Der Straßenlärm jenseits des Zauns
schlägt mir vertraut entgegen
das leise Schnurren unserer Katzen
klingt entspannt und tut mir gut

Ja, das ist es
warum war ich denn im Urlaub
manchmal muss man erst lernen
am Schönsten ist es doch daheim

Im Krebsgang

Darf ich mich vorwärts bewegen

tut es mir gut

muss es erst ausprobieren

bin auf der Hut

Darf ich einen Schritt machen

ist es mir erlaubt

will jedoch zuvor gerne wissen

ob er mir den Atem raubt

Darf ich im Krebsgang kriechen

vor, zurück, auf allen Vieren

es braucht oftmals Zeit

sich neu zu orientieren

Zivilisation reloaded

Jedes mal beim Verfolgen

der Schlagzeilen in den Medien

martert sich mein feinfühliges Gehirn derart

dass seine gebenedeite Rinde

mit dem Schmerzen nicht nachkommt

Ob der wahrlich sinnfreien Veitstänze

die die selbst ernannte intelligenteste

Lebensform des Erdenballs

Tag für Tag vollführt

stellt es sich unablässig die Frage

was kann ich dagegen tun

Nichts, erinnere ich, du gehörst dazu

Tarnkappe

Wenn du außer dir bist
dich kurzer Atem quält
weil es so unglaublich ist
was du siehst und fühlst
deine Gegenwart beherrscht
dann tanze an gegen den Sturm

Keine Störung ist erlaubt
setz` deine Tarnkappe auf
und verstell` dich, sei so wie du bist
gönne dir die Zeit ohne Kompromiss
sei einfach da für dich
du brauchst dich jetzt ersatzlos

Wortsuche

Ich suche ein Wort
überlege hin und her
es liegt mir ständig
auf der Zunge

Ich suche ein Wort
denke stundenlang
es ging schon tausend Mal
über meine Lippen

Als das Wort zu meiner Freunde
endlich ins Gedächtnis kam
musste ich mir eingestehen
dass es doch das falsche war

Ruhiges Gewässer

Flausen im Kopf

bringen uns nicht weiter

und machen uns ganz wirr

verursachen

gedankliche Schmerzen

weil wir den Alltag übergeh`n

Kannst du dich nicht zusammenreißen

mit deinen Ideen

die mich nur schwindelig machen

weil ich sie nicht umsetzen kann

Ich benötige Konstanz

damit ich den Boden seh'

Vorsätze

Noch liegt Schnee in der Hänge Schatten
die Häuserfluchten hinter dir
hast nicht nur Tee getrunken
gestern spät am Tag

Weidegründe so weit der Blick
in Luxus sorglos abgegrast
hast schlicht nicht acht gegeben
zur denkbar falschen Stund

Herzblut trifft Korallenriff
Schiffswrack oben drauf
versunken auf dem Meeresgrund
taucht nie wieder auf

Kalter Lärm

Zu viele Menschen in der Bahn
Rasenmäher auf dem Weg nach Hause
gegen Krach hilft leise Lautschrift nicht

Halte vergeblich meine Ohren zu
abgefahren bin ich schon lange
doch heute ist `s besonders schlimm

Im Keller ist Betrieb wie immer
mein Sohn - er hat Besuch
Rumoren, das wie Stimmen klingt
Gelächter schrill wie Blech

Schalldämpfer lindern keinen Lärm
wenn er kalt von innen kommt

Stille Wasser

Alles andere als stylisch

manchmal auch weibisch

zartfühlend

Konflikte kühlend

obwohl innerlich Rebell

für diese Welt

im Kopf zu hell

Pferdedieb

und vor allem

furchtbar lieb

wann immer ich will

Tiefe Wasser sind still

Glück im Schrank

Heute Abend kauf ich mir
einen Teil vom verdienten Glück
welch edles Unterfangen
mitgeteilt als großes Wort

Kämpfe mich von Tür zu Tür
mit Vorwärtsdrang und doch zurück
auf dem Marktplatz unsrer Stadt
doch stets am falschen Ort

Stelle fest: Was such ich hier
zuhause liegt das gute Stück
mein Wortschatz der befindet sich
gleich links im Bücherbord

Unter der Bavaria

Lebkuchenherz auf einmal verputzt

flau im Magen – wie verklebt

Rücken verspannt vom langen Sitzen

Bierbänke so hart wie teuer

und zu viel verursacht Harndrang

wenn es dabei bleibt ist `s gut

Blas musikt bis der Kopf schmerzt

wenigstens rauchfrei seit kurzem

obwohl von den Wirten nicht gewollt

für mich schon lange

ich geh da nicht mehr hin

bin Münchner durch und durch

Rechtsbehelf Liebe

Klage ich oder reicht ein Widerspruch

zulässig wie begründet

welches Vorgehen ist verhältnismäßig

in unserem Fall

angemessen und geeignet

als erforderliches Mittel zu meinem Recht

Du hast mir deinen Schutzbereich eröffnet

mir Treu und Glauben gemacht

dabei höchstrichterlich gedacht

die guten Sitten sind verletzt

da muss ich widersprechen

ich kann nicht klagen

Opa ohne Enkel

Welch unermesslich Glück
ich brauche mir
keine Sorgen mehr zu machen
von wegen Großvater mit fünfzig und so

Ein Gespräch auf der Höhe unsrer Zeit
von Mann zu Mann mit meinem Sohn
klärte mich auf über Sex in der Moderne
und ließ mich zugleich uralt erscheinen

Wozu denn körperlich Kontakt
wenn man eine Flatrate hat
junge Sensoren fühlen digital
verhütet wird mit Firewall

Herrenlose Diener

Muss ich sprechen

gehen meine Worte mit mir galoppieren

hab sie nicht im Griff

sind es, die mich in das Abseits führen

Muss ich denken

fahren meine Gedanken mit mir Schlitten

kann sie nicht steuern

wie oft schon habe ich darunter gelitten

Darf nicht daran denken

darüber zu sprechen fällt schwer

Gedanken wie Worte

Diener ohne Herr

Sonnenstrom um Mitternacht

In welche Richtung soll es gehen
ins Land der Gnome und der Trolle
Marketender, Gaukler, Feuerspeier
sind deine verwunsch`ne Welt

Zu stark geschminkt für hier
dir Hübschchen macht `s nichts aus
liebst Sonnenstrom um Mitternacht
Lavendelduft ergänzt perfekt dein Haar

Redest nicht um den heißen Brei herum
Traumtänze in der Seele schaden nie
wie kannst du nur, gibst einfach zu
du bist mit dir im Lot